W9-CQE-635

Celebremos las fechas patrias

La Navidad

Katie Gillespie

SPANISH & ENGLISH eBOOKS

AV2 BY WEIGL™

ADDED VALUE · AUDIO VISUAL

www.av2books.com

Visita nuestro sitio **www.av2books.com** e ingresa el código único del libro.
Go to www.av2books.com, and enter this book's unique code.

CÓDIGO DEL LIBRO
BOOK CODE

T 9 7 6 4 6 5

AV[2] de Weigl te ofrece enriquecidos libros electrónicos que favorecen el aprendizaje activo.
AV[2] by Weigl brings you media enhanced books that support active learning.

El enriquecido libro electrónico AV[2] te ofrece una experiencia bilingüe completa entre el inglés y el español para aprender el vocabulario de los dos idiomas.

This AV[2] media enhanced book gives you a fully bilingual experience between English and Spanish to learn the vocabulary of both languages.

Spanish

English

Navegación bilingüe AV[2]
AV[2] Bilingual Navigation

CERRAR CLOSE

INICIO HOME

CHANGE LANGUAGE ENGLISH SPANISH
OPCIÓN DE IDIOMA LANGUAGE TOGGLE

BACK NEXT
CAMBIAR LA PÁGINA PAGE TURNING

VISTA PRELIMINAR PAGE PREVIEW

2

Copyright ©2017 AV[2] de Weigl. Library of Congress Cataloging-in-Publication Data se encuentra en la página 24.
Copyright ©2017 AV[2] by Weigl. Library of Congress Cataloging-in-Publication Data is located on page 24.

Celebremos las fechas patrias

La Navidad

ÍNDICE

La Navidad se celebra el 25 de diciembre de cada año. Es el día en que se festeja el nacimiento de Jesucristo.

La noche previa a la Navidad se llama Nochebuena.

6

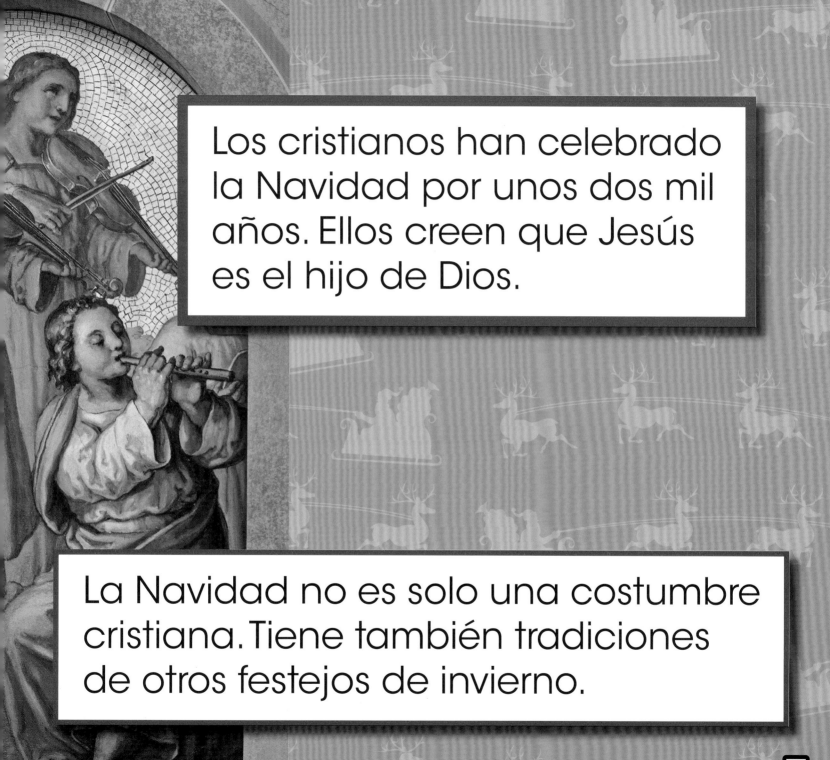

Los cristianos han celebrado la Navidad por unos dos mil años. Ellos creen que Jesús es el hijo de Dios.

La Navidad no es solo una costumbre cristiana. Tiene también tradiciones de otros festejos de invierno.

Santa Claus tiene un rol importante en Navidad. En la Nochebuena, visita las casas de todo el mundo dejando regalos para los niños buenos.

9

The hopes and fears
Of all the years
Are meet in
Thee tonight

En la Nochebuena se celebran misas especiales en las iglesias. En diciembre, se realizan muchos otros festejos en todo el país.

El Desfile de Santa Claus de Peoria, Illinois, es el desfile navideño más largo de los Estados Unidos.

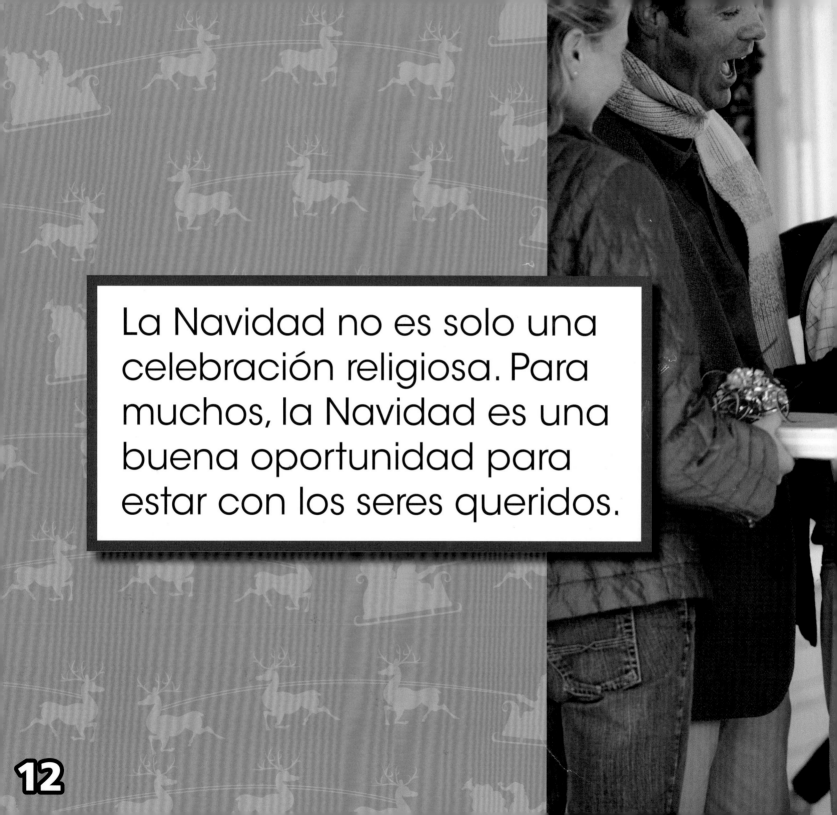

La Navidad no es solo una celebración religiosa. Para muchos, la Navidad es una buena oportunidad para estar con los seres queridos.

En Navidad se suelen comer comidas especiales, como pavo y embutidos. Las familias se reúnen y comen una comida tradicional.

También se cocinan cosas ricas en Navidad, como pastel de frutas o galletas de mantequilla.

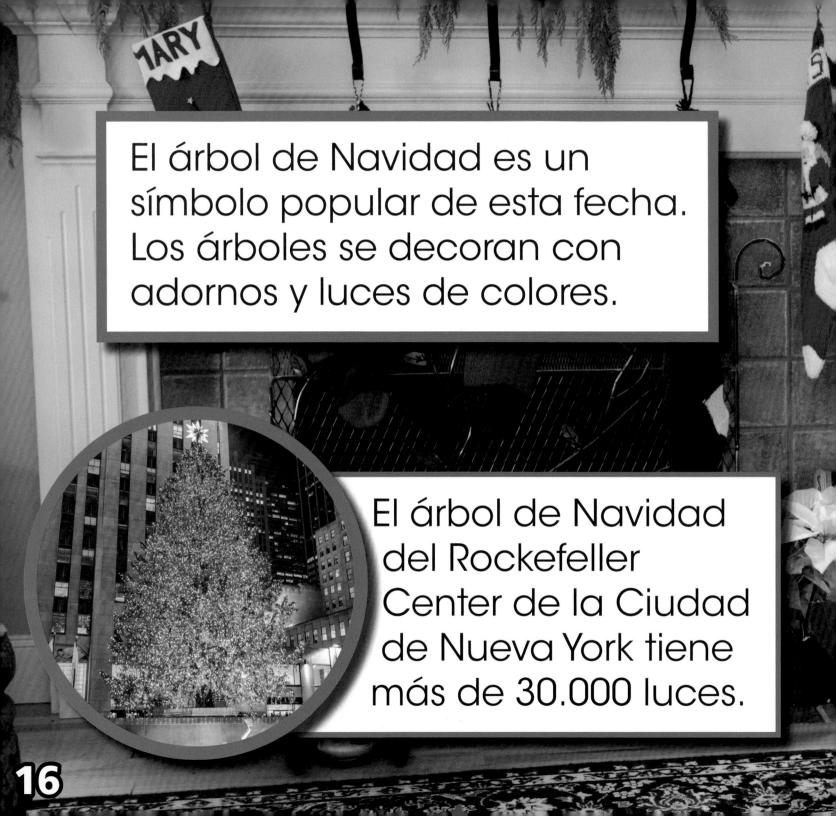

El árbol de Navidad es un símbolo popular de esta fecha. Los árboles se decoran con adornos y luces de colores.

El árbol de Navidad del Rockefeller Center de la Ciudad de Nueva York tiene más de 30.000 luces.

18

La Navidad es una época para ayudar a los demás. Algunas personas sirven comida a quienes lo necesitan.

También se suelen hacer donaciones de ropa de abrigo, juguetes y otros regalos.

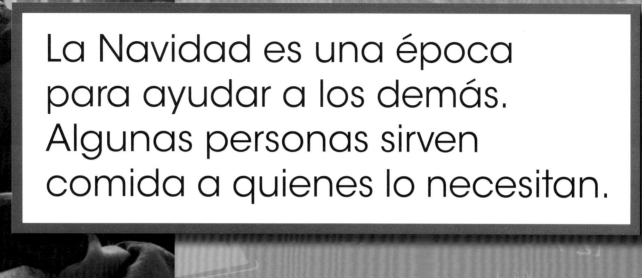

En esta época, se toca una música especial. La gente canta canciones alegres llamadas villancicos.

DATOS SOBRE LA NAVIDAD

Estas páginas contienen más detalles sobre los interesantes datos de este libro. Están dirigidas a los adultos, como soporte, para que ayuden a los jóvenes lectores a redondear sus conocimientos sobre cada celebración presentada en la serie *Celebremos las fechas patrias*.

Páginas 4–5

La Navidad se celebra el 25 de diciembre de cada año. La palabra Navidad viene del latín *Nativitas* y significa "nacimiento", pues se celebra el nacimiento de Jesús. Si bien no se conoce la fecha exacta del nacimiento de Jesús, se la conmemora el 25 de diciembre. Algunos creen que se eligió esta fecha por las demás celebraciones que se realizaban alrededor de ese día. En la Antigua Roma, los paganos celebraban el solsticio de invierno el 17 de diciembre con una fiesta llamada Saturnalia.

Páginas 6–7

Los cristianos han celebrado la Navidad por unos dos mil años. Actualmente, la Navidad incorpora tradiciones de otras festividades que se realizan en el mundo. Los antiguos romanos colocaban velas en los árboles, simbolizando a la luz de Saturno, durante la Saturnalia. Los cristianos comenzaron a hacer lo mismo en Navidad, como tributo a la estrella que marcó el camino hacia el lugar de nacimiento de Jesús. Con el tiempo, también evolucionaron otras costumbres cristianas, como intercambiar regalos o enviar tarjetas de salutación.

Páginas 8–9

Santa Claus tiene un rol importante en Navidad. Se dice que vive en el Polo Norte con la señora Claus y sus elfos. Allí, fabrican juguetes durante todo el año para entregarlos en la Nochebuena. Santa es un hombre alegre que lleva un traje y gorro rojo adornado con piel. Tiene un trineo tirado por ocho renos voladores, que llena de regalos para todos los niños del mundo. Todos los 24 de diciembre, Santa visita el hogar de cada niño y le deja regalos por la chimenea.

Páginas 10–11

En la Nochebuena se celebran misas especiales en las iglesias. Muchos concurren a una ceremonia llamada misa de medianoche. Esta misa especial rinde honor a la creencia cristiana de que Jesús nació cerca de la medianoche. A lo largo de todo el mes de diciembre, se realizan otros festejos no religiosos, como fiestas, conciertos y desfiles. En algunas partes se realizan festivales de luces o concursos de decoración del vecindario.

Páginas 12–13

La Navidad no es solo una celebración religiosa. Para muchos, la Navidad es una época de buena voluntad y regocijo. La gente no va a trabajar ni a estudiar para reunirse con los familiares y amigos. Las familias viajan para visitar e intercambiar regalos con sus seres queridos. Muchas familias tienen sus propias tradiciones navideñas.

Páginas 14–15

En Navidad se suelen comer comidas especiales, como pavo y embutidos. En muchas familias, es tradición reunirse a festejar la Nochebuena o la Navidad con una gran comida. Aunque el menú puede variar, por lo general siempre hay dulces caseros. Los postres suelen tener una decoración elaborada, como casas de jengibre hechas con pastillas de goma, bastones de caramelo y glaseado.

Páginas 16–17

El árbol de Navidad es un símbolo popular de esta fecha. La costumbre de decorar los árboles para la Navidad comenzó en Alemania en el 1600. Un hombre que regresaba a su casa en la noche de Navidad notó que los árboles se veían hermosos bajo la luz de las estrellas. Entonces, cortó un árbol pequeño y lo llevó a su casa para decorarlo con velas. Hoy, los árboles llevan una estrella o un ángel en la punta, en honor a las creencias cristianas. Los regalos se colocan debajo del árbol y se abren en la mañana de la Navidad.

Páginas 18–19

La Navidad es una época para ayudar a los demás. Retribuir a la comunidad es gesto distintivo de las fiestas navideñas. Muchos se ofrecen como voluntarios o hacen donaciones para ayudar a los menos afortunados. Otras maneras de contribuir son recolectar regalos para dar a los niños, alimentos para las canastas navideñas o ropa de abrigo durante los fríos meses de invierno.

Páginas 20–21

En esta época, se toca una música especial. La música navideña ayuda a difundir el sentimiento de alegría y amor. La gente disfruta cantando canciones sobre los ángeles o el nacimiento de Jesús. En algunos vecindarios, la gente va de puerta en puerta cantando villancicos navideños. También hay muchas canciones navideñas que no son religiosas, y que hablan sobre personajes como Rodolfo, el reno de la nariz roja, o Frosty, el muñeco de nieve.

¡Visita www.av2books.com para disfrutar de tu libro interactivo de inglés y español!

Check out www.av2books.com for your interactive English and Spanish ebook!

(1) Entra en www.av2books.com
Go to www.av2books.com

(2) Ingresa tu código
Enter book code

T976465

(3) ¡Alimenta tu imaginación en línea!
Fuel your imagination online!

www.av2books.com

Published by AV² by Weigl
350 5th Avenue, 59th Floor
New York, NY 10118
Website: www.av2books.com

Copyright ©2017 AV² by Weigl

All rights reserved. No part of this publication may be reproduced, stored in a retrieval system, or transmitted in any form or by any means, electronic, mechanical, photocopying, recording, or otherwise, without the prior written permission of the publisher.

Library of Congress Control Number: 2015953918

ISBN 978-1-4896-4368-1 (hardcover)
ISBN 978-1-4896-4370-4 (multi-user eBook)

Printed in the United States of America in Brainerd, Minnesota
1 2 3 4 5 6 7 8 9 0 20 19 18 17 16

032016
101515

Project Coordinator: Jared Siemens
Spanish Editor: Translation Cloud LLC
Designer: Ana María Vidal

Weigl acknowledges Getty Images, iStock, Corbis, and Shutterstock as the primary image suppliers for this title.